한 때 비 그리고 갬

한 때 비 그리고 갬

초판 1쇄 인쇄일_ 2025년 5월 25일
초판 1쇄 발행일_ 2025년 5월 30일

지은이_ 김동순
펴낸이_ 나호열
펴낸곳_ 도서출판 무이재
편 집_ 단청 맹경화
표지디자인_ 중천 김창현

출판등록_ 2017년 3월 20일 제2017-9호
01416 서울시 도봉구 노해로 70길12
E-mail_ zonechingu@hanmail.net

제작보급|도서출판 무이재
값 12,000원

이 책자는 저작권법에 의해 보호를 받는 저작물로
저자와 출판사의 허락 없이 내용의 일부를 인용하거나
발췌하는 것을 금합니다.

♣책 가격은 뒤 표지에 표시되어 있습니다.
♣지은이와 협의에 의해 인지는 생략합니다.
♣잘못된 책은 교환해 드립니다.

김동순 시집

한 때 비 그리고 갬

시인의 말

시를 써야겠다고 생각한 지 반 평생이 지났다
더 이상 시라는 유령에 허우적거릴 수 없어
나의 발자국을 남긴다

2025년 여름 앞에서

차 례

시인의 말 • 5
발문(나호열) • 129

**제1부
여름 내내
너에게 매달려 울었네**
—

지나가는 중인가 • 13

슬픔 3 • 14

양파 • 15

세상의 꽃들에게 • 16

고구마가 궁금하다 • 18

포도 • 19

코스모스에 대한 오해 • 20

방목 • 21

샐비어 • 22

여우에 반하다 • 23

들개 • 24

매실주를 위하여 • 25

매미 • 26

장미 • 27

나무야 • 28

꽃의 눈물 • 29

꽃 • 30

나팔꽃 • 31

감자꽃 • 32

들깨밭에 가보자 • 33

제2부
**이 세계의 벽과 저쪽 세계의 벽에는
내가 모르는 줄이 그어져 있다**
—

소개팅 • 37

사진을 정리하며 • 38

불면증 • 40

여러 개의 발을 갖고 싶다 • 41

운동 • 44

휴일 2 • 45

슬픔 2 • 46

동파하다 • 47

진희에게 • 48

안내자 • 50

철새에게 • 52

그것뿐 1 • 53

그것뿐 2 • 54

여행자는 길에서 사네 • 57

그녀는 가고 가을은 오고 • 58

이차모씨에게 • 60

우리 동네 김 부장 • 63

우리의 소원은 • 64

우리 동네 송씨 아저씨 • 65

등산가 • 66

**제3부
이제 엄마 손 잡고 꽃길을 걸어서
소풍이라도 좀 가세요**
—

겨울 • 69

겨울 몽상하기 • 70

겨울 강 건너기 • 72

겨울로 갔던 이들이 눈 되어 온다 • 74

겨울밤에 • 76

눈 속에 갇히다 • 77

봄이 올 때까지 운동해요 • 78

슬픔 4 • 80

봄이 왔다는 것 • 81

봄에는 꽃이 피네 • 82

춘몽 • 83

다시 오월로 가서 • 84

여름 • 86

유월의 아카시아 꽃 • 88

장마 1 • 90

장마 2 • 91

장마 3 • 92

8월에도 • 93

2001 가을 유행 • 94

한때 비 그리고 갬 • 95

제4부
눈부신 사람 하나 사는 빛만 있는 그 창에
하얀 레이스 커튼 하나 달아주고 싶었다
—

지중해는 찜질방이다 • 99

고향으로 가는 중 • 100

허브 빌리지에 가다 • 102

감포 앞바다 1 • 104

감포 앞바다 2 • 105

그 집 • 106

마니산에 가면 • 107

다시 동두천에 가면 • 108

집에 가고 싶다 • 110

원흥사 • 112

지장산에 가면 • 114

제주도에 가자 • 115

휴일 1 • 116
휴일 3 • 117
초원에서 식사 • 118
안면도에서 잠들다 • 120
성산 일출봉 • 122
산정호수에 가다 • 124
무의도에 가서 • 125
슬픔 1 • 126
상패동 안개 • 127

 **제1부**

여름 내내
너에게 매달려 울었네

지나가는 중인가

흐린 날이 이어지는데
젖은 나뭇잎이 계곡을 덮고
자작나무와 잡목 숲에
허리를 휘감는
안개가 아침마다 피어오르고
저녁은 을씨년스럽다 못해
음산한 바람이 어린 나뭇가지를 흔들었어
침대에 누워만 있는데도 말이야
그리고 나의 그리움은
고전 소설을 읽는 것처럼
느리고 적막했어
봄이 오면 어떻게 될까?
그 숲이 환해질까
다시 일어나 걸을 수 있을까

다리가 끊어졌다고 하니까
엄마가 말했다
지랄도 대도한다

슬픔 3
– 사과

과일 가게 앞을 지나간다

엄마는 사과를 좋아했지

빨간 사과를

한입 가져가다 멈추고 말했지

이건 병들었다

이미 병이든 부분을 속절없이 보네

오래된 사람이

옛날 사람을 보네

양파

한겨울에 사랑은 금기
묻어 두어도
어두운 가슴 저쪽
하얗게 뿌리가 나고
파릇이 싹이 올라오는 것

그러나 허무한

눈물의 껍질

세상의 꽃들에게

깊은 잠의 문을 두드리던 손
눈발, 그치고
바닥으로 몸을 낮출 때 더는 갈 수 없는 곳이
내 고향이다

세상에 어떤 꽃은
햇빛에 내어놓기만 해도 죽어 버리고
물을 자주 줘도 죽어 버리고
오래 들려다 보아도 그 스트레스로 죽어 버리고

내 어머니도 한때는 꽃이었으리
백합 같은 꽃이었으리
내 그리움 너무 깊어
달려가 보면
쭈글쭈글 다 시들어

세상에 그런 꽃도 있으니
그리워만 해도 쉬이 시들어 버리는 꽃
너무 사랑하면 죽어 버리는 꽃

눈, 그 겨울 꽃도 졌으니
비마져 추적추적 내렸으니
세상에 모든 슬픈 꽃들이여
내 아픔을 숨기고 말하네
살갗이 터지듯 탁탁 눈을 떠라
그 방문을 열고 피라 훅! 훅!

고구마가 궁금하다

고구마 캐서 온다더니
잠잠하다

혼자 길을 걸으면서도 자꾸 헛발길질이 되어 덜거덕거리는 것이
네가 어느 밭에선가 흙이 꽉 잡고 있는
고구마를 호미로 캐기 시작했기 때문이다
잎과 줄기를 걷어내고 고구마가 다칠까 조심조심
흙을 파는 모습이 어른거려서
가로수 잎들도 노랗게 물들기를 멈추고 반은 푸르게 서서
그쪽으로 신경을 곤두세우고 있는 것이다.
이윽고 자루에다 담겠지
등을 약간 오므리고 끙끙 자루를 옮길 거라
평생 입을 야물게 다물고 착하게 살았으니
이집 저집으로 한 자루씩 나눠 주겠지
그러면 겨우내 입을 꽁꽁 다문 고구마가
윗목에서 익어 입에 단내나듯
달달 해지려나

불현듯 키스 한번하고 싶다는
가을 저녁 답 쓸쓸한 생각

포도

운악산을 돌아갈 즈음 산의 지형이 낮에는 너무 뜨겁고 밤에는 너무 차가워 그 급격한 기온의 차이 때문에 그러면서 빗방울 한 방울도 허락할 수 없는 비닐 덮게 때문에 극에 달한 갈증이 검고 검은 포도가 되었다.

이윽고 가을이 가면 우리는 아픔마저 희미해진 영혼에 벽에 등불을 걸고 축배를 들지니 그러면 목젖을 타고 내리던 눈물들도 어둠처럼 아무렇지 않게

괜찮아

괜찮아하면서 잠들지 않을까 또 깊은 꿈을 꾸지 않을까 그러면 너는 그 꿈속으로 그 오랜 과거를 짚고 기억의 담장을 넘어 죽은 듯 엎드려 있다가

이것 봐! 이것 봐! 하면서 뼈마디마다 연초록 잎을 띄우고 봄날의 연기처럼 물렁물렁 위로위로 푸른 손을 수없이 내밀고

오랜 습관이나 본능처럼 다시 사랑을 시작하지 않을까 뜨겁거나 춥거나 목이 마르거나 그리하여 검고 검은 눈동자로 다시 나를 마주 바라보지 않을까

나는 눈물을 먹으며 살아가지 않을까 연년세세 포도의 인생처럼

코스모스에 대한 오해

다 저녁 해가 산을 넘는 순간에 고즈넉한 시간이거나
외딴집 어둠이 그렁그렁한 밤 고요함이거나
눈물은 그렇게 만들어진다.

큰소리로 한번 웃지도 못한
심약한 아이같이
크게 나무라면 키도 안 자라고
잔병치레가 잦아 주눅이 들대로 들어
눈치만 보다가
속으로 꾹꾹 눌러 넣는
끝끝내 집으로 못 돌아가고
길가에 서서 기다리는 일이 삶이 되었네
그래도 너는 꽃

방목
― 흑염소

사방이 다 열려있고
모든 곳이 다 길인데
자유인데 아직도
어디에 묶여있나

온종일 푸른 풀을 뜯어도
모든 것은 검게 소화되고

저녁이 오면
갔던 길로 다시 돌아와
우리에서 울었지
모든 슬픔이 검은색이 될 때까지

샐비어

누구의 기억이기에 철 지난 계절에 새빨갛게 타오르고 있나
아직도 그대 담벼락 벗어나지 못하고
줄줄이 서서
지나가는 이 불러 세우나
샐비어야
울지마
이제 잊으려무나
꽃을 쓰다듬다
그 말이 쓸쓸한 가을 저녁을 부른다
그 담 밑 샐비어는
어느 책 뜻 깊은 구절에 빨간 줄로 그어져 있다가
야밤에 뜬금없이 눈물 고이다
꽃이 피고 나는 늙는다
드듬 드듬
일어나 효자손으로 등을 긁고 있다
시원하다 아 시원하다
생각의 벌레들은 모두 다 등 뒤에 가서 산다
샐비어는 새빨갛게 군락을 이루고 산다

여우에 반하다

사막에서
황금빛 털을 가진 여우를 만났다
12개의 꼬리와
한 번 꼴딱 넘기를 할 때마다
둔갑한다는
여우에게 마음을 빼앗겼다
아마도 여우 때문에 열도의 사막을 건너가지 못하리라
아마도 너를 만나지 못하리라
갈증과 고독함으로 생을 마감하는 게 아니라
여우에게 홀려 생을 마감하리라
끝내 여우 밥이 되리라

반한다는 것은 말로가 그렇다

들개

　보라 어둠과 사막, 황량한 들길 끊임없이 걸었고 지치고 허기져 있었다
　퀭한 눈이며 홀쭉한 등뼈 하며
　외로움은 얼마나 두려운 것이냐
　그러면서 대상을 만났다는 것은

　흠흠 이 달콤한 살의 냄새
　주위를 두어 바퀴 돌다가
　번뜩이는 욕망 치근齒根까지 근질근질해져 올 때
　참을 수 없는 야성의 이빨
　사정없이 넓적다리부터 아니 가슴부터
　물어뜯어 잘디잘게 씹어 삼킬 일이다
　통째로 먹어 치울 일이다
　사랑한다는 것은

매실주를 위하여

어깨가 안으로 휘어지고
심장이 오므라든
매실나무에 올라가 매실을 튼다
가지를 붙들고 힘껏 흔든다
아푸다. 눈물처럼 후두둑 떨어지는
내가 나무를 꽉 잡고 흔들 때 매실은 더 나무를 꽉 잡고
안 떨어지려는 안간힘
이건 전쟁이다
어쩌자고 죽기 살기로 나무를 흔들며 패면서까지
따고 싶은지
저 높은 곳에 마음을 두는지
손을 뻗고 싶은지
툭! 툭! 땅으로 곤두박질치는 머리겠지
세상에서 가장 독한 술을 담그고 싶은지
이렇게 남기지 않고 다 갖고 싶은지
지금이 절기 푸르름의 절정이라지

매미

여름 내내 너에게 매달려 울었네

그러나

너는 나무처럼 움직이지 않았네

나의 울음은

너무 뜨거웠네

장미

고운 눈을 열고
말했다
언젠가는 내 눈을 찌르리라고

후후후 꽃이 피고
후루루 꽃이 지고

몇몇 해가 가고
그도 가고

나는 당신의 눈을 찔렀나?
혹, 당신은 피눈물을 흘렸나

나무야

한 몸이었으나
나뭇잎은
떨어져
다시는 저 가지 끝으로 돌아갈 수 없다
푸른 그 시절은 꿈이었을까
눈을 감고
흩어지는 일
흩어지고 말리라
어디서부터 언제부터
바람은 바람이었는지
바람이 나의 멱살을 잡고
일단은 흔들어 보는 일
그러나
낙엽일 뿐이다
한 줌밖에 안 되는
비밀스러운 저녁이 오고 있다

꽃의 눈물

꽃이 진다고
지는 것도 아름답다고
연락이 왔네
마지막 인사라도 해야지
벚꽃 길을 걸어갔네
화~
날리며
한 잎 한 잎
꽃비가 내렸네
꽃의 눈물은
꽃이네

꽃

숨을 내쉴 때마다
맛있는 향기가 나
코 부분부터 먹고 싶어
입술을 살짝 갖다 대고
눈을 감는데
목까지 차오르는
이 황홀한 욕망

나팔꽃

인생이라고 해도 좋아
그 궤도에 진입할 수 없다
영원히
높고 긴 울타리 밖을 떠돌거나
뒤섞일 수 없는 거품
녹지 않는 고체로
살아가야 하는 것이다

허공을 향해 더듬거리며
내 안에 내가 내 밖의 나를 볼수록
결락감은 고조되어
꽃을 피웠어
귀 막고 나팔을 불었어
곧 그것이 몽환이라 할지라도
단순한 것은 아니었어
오를 수밖에 없었던 건
본능이니까
그리움을 저항할 수 없었던 거야

감자꽃

마당 끝 우물가에는
고랑이 긴 텃밭
매해 유월이면 감자 꽃 피었다
텅 빈 집에 산골 뻐꾸기 소리 들락거리고
저기 저 호랑나비
나풀거리며 꽃술에 발을 적시고
다시 날고
아이는 쪼그리고 앉아
울까 말까

아릿한

슬픔도 그리움도 그때
혹처럼 생겨나기 시작했을 것이다
하얗게 질리듯 또는 붉게 말라서
보라색 감자 꽃이라는
네가 맨발로 달려들어
들치고 당기면 한 뿌리에서
주렁주렁 달려서 뽑힐!

들깨밭에 가보자

조용한 밭뙈기 스물 댓 평 다소곳이 앉아 있다가
서걱거리며 장화를 끌고 밭머리에 들어서면
녹색 물결 일렁이듯 모두 일어나
여기! 여기! 사방에서 손들어 흔들고
따고 또 따고에 빠져 있을 때
풀벌레들 그 틈으로 찌찌 쓰쓰쩌
또 비를 뿌리겠다고 요란한데
늦여름에 늦장마로 올까 말까
그렇게 너는 평생 망설였지
이제 들깨 밭에 까지 와서 후드득 거리네
이미 젖을 대로 젖었는데 비가 온들 무슨 상관이냐

깻잎 밭이나
들꽃들이나
풀벌레 소리나
모두같이 일렁이고 있다가
그래도 네가 혹시나 농담처럼 돌아온다면
여기요! 여기요! 손을 가장 많이 가진 미친
여자처럼 손 흔들고 싶겠지!

제2부

이 세계의 벽과
저쪽 세계의 벽에는
내가 모르는 줄이
그어져 있다

소개팅

앞으로 살아갈 날이 탄광의 막장처럼
암담한 거라면
안으로만 들어가지 말아야지
밖에 서 있는 사람도 생각해야지
휴일 민물장어 집에서 만났는데
앞에 있는 사람은 나중에 일이고
벌건 숯불 위에서 아직도 꼬리가 꼼지락거리는 장어
생명은 꼬리에 붙어 있는 것처럼
도대체 무슨 맛인지
내장에서도 꼼지락거렸을 꼬리 탓이겠지만
배탈이 나서
도대체 내가 무슨 짓을 했는지
메슥거려서
처음으로 꼬리뼈에서 꼬리가 나왔던 저녁
그 꼬리를 바닥에 질질 끌며
막장같이 어두운 골목으로 사라진
어둠에 더욱 깊이 빠진 시절에

사진을 정리하며

언제나 그만큼의 거리를 두고
한눈을 찡그리거나
정면에서
마주한 네가 있다
그 오랜 시간과
추억들을 포착해
포를 뜨듯 무슨 증서처럼
남겨진
늘 찍어주기만 했으니
사진 속에는
혼자 웃거나 어딘가를 바라보거나
뚫어지게 응시한
나무 앞에서 꽃 속에서
그러나 내 어깨 위
내 눈동자 속에
밝게 또는 어둡게
배경처럼 네가 있다

오래 된 사진을 정리하는 일은
다시는 돌아갈 수 없는

또 다른 나를 내가 들춰보는 일
숨 쉬거나 움직이지 않는 박제 같은 너를
느끼는 일

불면증

그것이 가장 큰 두려움이다
그는 곧잘 엎드린 채 잠들곤 하였다
그것은 '불안을 누르는 습관 같은 것' 이라고 말했다
그가 바닥을 안고 누운 거대한 평면 벌레 같아서
그 부피만큼의 막막함을 계산하다 잠들곤 하였다
그렇게 도저히 이겨 낼 수 없는, 나아 갈수 없는
습관이란 것을 그는 언제부터 버리기 시작한 걸까
그가 버린 무서움증을 대신 앓는다

빈 자리라는 것은 얼마나 큰 넓이 일까
그가 머물렀던 시간은
떠난 뒤에도
엎드린 채 누워 있곤 했다
나는
언제 솟아오를지 모르는 압력을 막고 있는 코르크 마개이거나
아니면
그가 찍힌 불안한 지문 같은 것
잠들 수 없다는 것
그것이 그를 증명하는 것이 되었다

여러 개의 발을 갖고 싶다

무엇 때문인가
쫓겨 본 적 있는가?
담을 쌓아도 세월은 간다

창을 열면 앞뒤 모두 나무숲이다
오 층까지 창을 가리거나, 넘나드는 오래된 아파트
아름드리나무들은
원주민의 일상을 하나도 놓치지 않고
속속들이 알고 있다
잠 이루기 직전이나 잠 못 이루는 밤에도
창 안을 엿보거나
바람을 불어넣어 꿈을 흔든다

창에 어린 푸른 그늘까지
뒤집어 트는 오후에는
경쾌한 푸른 물 떨어지는 소리

몸을 돌돌 마는 일은
몰입의 시작이다

드디어 나의 방을 갖게 되었을 때
고립으로 살갗이 굳어갈 때도
생각들은 조각난 연체동물처럼
꼬물거렸다

몇몇 해 여름이 은둔의 문을 푸르게
푸르게 어른거리거나 감쌌다
여러 개의 발이 되는 밑그림이 완성되고
다리는 가지처럼 뻗어 나왔다

이 세계의 벽과 저쪽 세계의 벽에는 내가 모르는 줄이
그어져 있다
　암호의 길처럼
　단단한

어떤 그리움은 극성스럽다. 여러 개의 발로 기어 왔다
거미라고 했다
쓱쓱 벽을 타고 공중으로 오르는 일
발가락마다 세상의 촉감은 다르다

이건 쾌감일까?

이제 나락으로 떨어지는 일은 없다
손을 버리고 난 뒤부터
놓치는 일은 없다

운동

5층 헬스클럽에서 시작해서
뛰기 시작하면
제일 먼저 보산동 초등학교 운동장이
땀 흘리기 시작하고
좁은 골목길은 너무 덥다
다닥다닥 숨 막히는 지붕들 위로
오늘은 사선으로 가 본다
빠른 음악이 유리창을 막 뚫고 나갈 때
푸른 가을은 익기 시작했다

내 몸 안에 무엇, 99%를 빼내는 운동
속도를 올려 보아도 그대를 추월할 수 없다
이 세상에서 가장 무거운 것은
나다

이제 그만 내 안에 너를 내려놓고 싶다

휴일 2

할 일이 없어서 혼자 영화 보러 갔네
너무 웃기는 영화 보러 갔네
몇몇은 쌍으로 와서 큰 화면 영화 속으로 들어가는 것을
외곽에 있는 내가 봤네
신나지도 즐겁지도 않은
극장의 배경이 되었다가 영화는 끝이 나고
휴일 네 생각이 더 나기만 하네
장날 소 팔러 갔다가 소도 못 팔고 아버지가
어둑어둑 소를 몰고 마당으로 들어오듯
나는 털래 털래 집으로 가네
점점 어두워지는 밤을 극장에 남겨두고
하나도 외로움을 모르는 어둠
만져지지도 입을 맞출 수도 없는
손가락을 깍지 끼지도 못하는 어둠의
가슴에 별이 몇몇 떠
밤의 기둥처럼
무섭지 말라고 내려다보고 있네

슬픔 2
— 강변성모 병원에서

백발의 노인과 같은 방을 쓰게 되었다
골절이라 했다
60살이 되어 보이는 딸 둘이서 교대로 아이고
아니고 하면서 노모를 돌보았다
구순 일곱이 된 할머니는 곧 백수를 누릴 것이라 했다
양과 질이 다 빠져나가고
둘레만 남아
밥 몇 알을 입에 넣고 합죽
합죽 우물거린다.
모든 껍데기가 따라 움직인다. 저러고서야
대책이 없다
거죽이 안으로 한정 없이 함몰되고 있다
병원 밥을 못 먹는 나를 보고 처음으로 밥 떠먹는 시늉
을 했다
웃지 않고, 말하지 않고, 움직이지 않았다
소 꼴 베고 던져놓은 속이
빈 망태 자루 같이 퍼져 있었다
집안 구석 어디에
찾아야만 보이는 눈에 띄지 않는 망태 자루같이

동파하다

 집을 비웠고 얼었다 모든 구멍은 까맣다 들여다보면 짐승의 콧구멍 같다 검은 눈 같다 귀를 대봐도 조~용하다 꼬리의 끝은 어딜까 깊고 어두운 알 수 없는 마음이다 벽과 벽, 바닥을 걸쳐 기어가고 있으리라 누굴까? 내가 집을 비운 사이 내 집에 살고 있는 그는? 지하인? 그림자? 아무인? 달래고 굽고 협박해도 모습을 보이지 않는다 밤은 원통형이다 검은 통로는 넝쿨로 나를 돌돌 만다 싸늘해진 공기는 신경의 줄기처럼 뻗어있다 점점 토굴 속이다 꼬챙이나 손가락을 집어넣어 휘휘 젓거나 후벼 파보거나 돌돌 말려서 그 속으로 들어가 보거나 훅! 빨아 당겨 보고 싶지만, 그곳까지 닿지 못한다 내일은 전문가를 구멍 속으로 들어 넣어야 한다 나의 비밀조각들이 얼음이 된 산재한 슬픔을 꺼내야 한다 구멍으로 들어간 나를 찾아야 한다 그러고도 봄의 정원은 멀다

진희에게

옛날에
코스모스가 지천으로 피고
세상이 황금 들판이었던 때
막내 경희는 태어났지
인형처럼 업어주고 안아주고
예뻐했지
그 많은 형제 중에 꼭 없는 아이처럼 조용한
따뜻한 별인가
작은 꽃인가 그랬지
외로운 내 곁에 오래 있느라
늦게 결혼하고
기다리고 기다려
진희를 낳았지
안 나오는 젖을 들여다보며
노모는 그랬지
노산이다, 노산이다
그러나 진희야
이모는 참 기쁘다
네가 세상에 태어나서

이토록 예쁘고 사랑스러워서
어떤 축복이 이만하랴
감사하고 또 감사하구나
진희야
너의 이름처럼 참으로 기쁘고 행복해지렴

백일을 기념하며 이모가
2009년 4월 27일

안내자

그는 조선족이다
고고한 밤 호수에 떠 있는
설익은 달, 그런 눈을 가졌구나
사냥꾼들에게 쫓기는 짐승같이
겁먹은 듯 눈을 이리저리 굴리며
저 말은 이북 말인가?
의자를 걸상이라 말하는
가이드에게 혼을 몰수당한 일행들은
말을 못 알아듣고, 반은 알아듣고
급히 먹은 식사처럼 정이 들었을까
공항을 빠져나오는데
꾸벅 인사를 하는데
그 눈과 딱 마주쳤다
심장이 턱! 떨어졌다
너 혼자 두고 가려니
어쩐지 서럽구나
이름이 김기철이라고?
우리가 버린 자식이라고?
돌아와 사진첩을 보니 어느 한 곳도
흔적을 안 남기고

감쪽같이 깨끗하구나
여행지마다 깃발로 휘저어 다니고
해발 천육백 미터에서 유적지까지
역사와 전설 속에 살았던
네가 없었다면 길을 잃었을까
그 많은 이북 말은 연기같이
사라졌다
무슨 요란한 꿈을 막 깬 사람 나는.
그런데 무슨 상관인가?

철새에게

 신천 강둑을 지나다 보면 백로들이 긴 다리로 얕은 강에 발을 담그고 서 있다.
 무슨 깊은 생각에 잠긴 듯
 잊을 것이 있다는 듯이
 차마 못 잊을 부분은
 스르르 두 눈을 닫던 네 눈
 세상을 여닫는 문처럼 젖은 듯 맑은 듯 아름답던 그 눈을 다시는 볼 수 없다고 생각하면 벌써 그리워져서
 강 속에 발을 담그고
 어두워지기를 기다리는 것이다.

 흘려 보내기엔 강물이 좋고
 울기엔 밤이 좋으니까
 인연을 끊는다는 건
 열매를 기다리는 따뜻한 영혼의 씨앗들을 모두 뽑아내는 것
 네가 사라지면서
 나의 시선도 사라진 것
 바라볼 것들이 모두 거두어진 가을 들녘같이
 텅 빈 것
 그리고 겨울이 오는 것

그것뿐 1

그래도 당신이 가실 줄은 몰랐어요.
찬 겨울을 이기지 못해
강이 두텁게 입었던 얼음이
강 가장자리에서부터 하나씩 벗고 있다는 걸
오늘 오후에 알았을 뿐
밤하늘에 별들이 하나둘씩 집으로 돌아가고
봄은 어둠 저 아래부터
아주 천천히 오고 있다는 사실을 알았을 뿐
그렇게 긴 겨울 속으로 말없이 왔다가 가실 줄은 몰랐어요.
다만
왔구나
갔구나
그것뿐

그것뿐 2

별안간 연락이 뚝 끊겼지
그럴 수 있지
그런데 그 별안간을 생각하는 시간은 무수해졌지

내가 한 말들이
곰팡이 필 수도 있지
아니면 말들이 집을 허물 듯
입안이 헐 수도 있나?

병원에 안 가고
수영장에 갔지
이 시간을 건너가야지
덥고 긴 장마 같은 인생을
그래 내가 너를 좀 이용한다.

어디에서~어디까지라는 공간에
봄이 오고 여름이 가는 동안
수천의 꽃이 피고 지고
어떤 시인은 말했지

꽃이 아름다운 건 피기 전과 피고 난 후가 생략되어서 아름답다고
꽃을 꺾어간 이여!
피기 전과 피고 난 후가 남은
꽃이 되려 했는지
꽃이었는지도 모른 체
헤엄을 쳐! 가라앉지 않으려면
드디어 뭉텅해졌지
모서리나 무늬나 결이 사라진 둥그레 뭉실한
나를 굴리며 노는 것
잊는다는 건 참 쉬운 것

길들이 서로 만나지 못하고
한정 없이 어긋났겠지
거짓말로 눈동자를 바라볼 수 없는 것처럼
한 번도 가 보지 못한 도로가 생기고
시내가 노후 되고
가게가 숭숭 비었지
미국에서는 이빨이 숭숭 빠진 아이들을 결손가정의 아이로 본다지?

결손 시내

그래도 돌아가지 않겠다.
이제 나 하나 사라지면 한 종種이 지구에서 사라지는 것

여행자는 길에서 사네

여행자는
길을 접었다 폈다
둘둘 말아 옆구리에 끼고도 가네
높았다 낮았다 직선으로 가다
어느 순간에 생각처럼
휘어지기도 하네
길을 만들고 길을 지우며
반평생 여기까지 왔네
그대 어디 있느뇨
생을 몇 바퀴 돌아야 만날 수 있으려나
방랑의 벽에
김동순 왔다 가다
이름을 새기네
저 아득한 세상의 끝에 서서
전생에 보았던 바람을 맞네
그대 머리 쓰다듬던 바람의 손이
오늘 나를 어루만지네
내 허리를 껴안네

그녀는 가고 가을은 오고
– 윤교영에게

 여름 내내 빈 창으로 비-긋고 철철 강둑으로 넘쳐 넘실넘실 꿈틀거리더니 어디로 다 흘러가고 그 많은 것들이 누구의 가슴으로 스며, 오늘에야 환히 하늘이 열리고 꽃으로도 사랑으로도 필 수 없었던 마음들이 이런저런 구름으로 만들어 펼쳐지는구나

 자고 또 자고 잔 뒤에도 네 간 곳을 몰라 헤매던 밤에는 뒤안 어느 돌 틈에서 수수 잡초들이 이슬 눈으로 별처럼 옹기종기 이마를 맞대고 수런거렸고, 갈참나무인지 졸참나무인지 너도밤나무인지 말매미나 좀깽깽매미인지 숲이 울 창창 울어댈 때도 푸른 가시가 제 살인 줄 알고 견디는, 그러나 아아 터진 입술 사이로 조심스레 알밤을 주워 담을 때도 모를 일이더라 네 간 곳을

 그런데 오늘 아침 한 통의 전화를 받았단다. 남해 어느 섬에서 너를 보았단다. 햇살같이 웃더란다. 그래 너는 바다로, 섬으로 갔구나 그 많은 물을 따라 그 먼 곳까지 갔구나

 네 소식을 듣고 이렇듯 하늘을 보노라니 청청한 옥색바다 같아 마음은 한자리에 앉아 있지 못하고 들길로 나갔다. 산

은 늘 곡선으로 이어지고 들도 그 산들의 딸처럼 완만히 이어져 털갈이하느라 누릇누릇 펼쳐지니 이 길을 끝없이 가다 보면 어느 길목에서 갈라져 저승길도 어쩌면 황금빛으로 열릴지 모르지만, 生 또한 이토록 아름다워

　마음을 풀어놓고 차창을 열면 바람은 깃발처럼 얼굴에서 펄럭이고 어느 포도밭에 이르러 밭두렁에 앉아 검은 눈동자 같은 포도를 입안 하나 따 넣으면 달콤하고 떨떨함이 톡톡 물컹물컹 감돌아 맑고 맑은 전생의 눈들이, 맑고 맑은 사랑의 눈물들이 얽히고설킨 그 무엇들이 네가, 내가, 여기, 포도되어 만나는구나!

　서느런 바람 한 줄기 잎사귀 흔들고 간 뒤
　미루나무 위로 노을이 지나가는 가을 들녘
　한 알 한 알 포도를 먹자니 재미도 있구나
　눈물도 나는구나

이차모씨에게

　지난해 어느 가을밤 그는 나를 위해 색소폰을 불어 주었다
　온갖 폼을 다 잡고
　바람의 높낮이가 수시로 나타나는 언덕에서
　별안간 빼~앵! 소리가 커져
　그때마다 그는 허리가 뒤로 휘청했다가 앞으로 돌아오곤 했다
　무슨 연주였을까
　이번 여름이 그의 생애 가장 미끌미끌한 휴가였다 아니 경로를 잃어버렸다 아니 이번에 실수는 전부를 놓치는 일이었다 아니 누가 길을 끊어 놓았다 뇌출혈 그러므로 뇌사 5일 살 수 있는 확률 10% 급히 사망 살 수 없음 아니 살지 않을 것임

　여름으로는 절대로 돌아가지 않을 것입니다 비도 가을을 재촉한다
　신나게 뛰어가는 어떤 발소리가 저만 할까
　이 밤은 줄기차게 내리는 빗소리에 갇힌다
　빗소리가 지시하고 받아 적고, 한 장 뒤로 넘기고, 아니야 그건 아니야, 나의 말도 가로챈다. 뒤로, 뒤로 넘긴다

그가 했던 말들을 복습해. 사랑해요
비는 내리려는 속도에 힘을 싣고 땅에 부딪혀 반동하는 그 촘촘하고 섬세한 발들이 만드는 말, 자꾸 씹히는 말, 퉁퉁 불어 터진 말들

늘 앉았던 의자 아니 어디에도 앉지 않은 자리가 없었다
이 비를 맞고 땅에 묻혔다
문학이 어떻고 음악이 어떻고 여자에 대해
지적인 것의 진화, 언제나 지루한 수다를 달았다
이제 나는
어떻게든 인사를 해야 한다
어쩌다 산골짝에서 개울물에서 어떤 갈래에서 만났던
물렁물렁했던 헐거웠던 그런 인연이었더라도
가시든지 오시든지
좋으실 대로 하세요 언제나 손님으로
내 인생에 장마가 져도 당신의 세상은 늘 사랑의 분홍빛 꽃잎일 테니
문득 길 가다가 가끔은 먼 풍경도 꼿꼿이 선 채 나자빠져
정강이도 깨고 무릎이나 턱을 갈아버려 몇 날은 빛을 못 볼 테니

주방에서 과일을 자르다가도 불현듯 그 칼에 손을 베일 테니
약을 바르고 밴드를 붙이고
엎드려 시를 쓸 테니
기억의 틈을 나서기도 하고 닫기도 할 테니
이 세상에 흐르고 싶은 강이 어디 있겠어요
흘러갈 수밖에 없으니 흘러가는 거 아니겠어요
지금의 문 나선 당신에게

우리 동네 김 부장

그는 노래 부르는 것을 좋아하고
항상 열정에 차 있어
걸음걸이는 서부 영화의 한 장면 같아
성정性情은 불같아
아무하고도 타협을 안 해
마지막 한 발의 총알까지도 정확하게 쏠 능력자
그는 자신이 최고인 줄 알아
사실 지금까지는 상위 1%야
절대로 이해할 수 없는 난이도 100%
악마 같아
독한 보드카 같아
도저히 미워할 수 없는
머리에 뿔이 난 친구
어쩌면 도깨비일지도
그러나
모두 그를 사랑하네

우리의 소원은

군에 간 아들이 첫 휴가를 나왔다 영화에 나오는 아프리카 원주민처럼 검게 탄 얼굴에 박박 밀은 머리, 목은 쉬고 입술은 부르트고 발은 헐어 절름거린다 기억은 늘 4살 반으로 멈춰 있는데 어머니 그곳은 날씨 변동이 심해서 하늘이 하루에도 여러 번 변해요 구름의 구릉지대 같아요 통신병인데 선임병 이름 외우기가 힘들어요 훈련은 무슨 운동 같아요 가끔 군대리아버그를 만들어 먹어요 우리의 적이 미국인가요? 일본인가요? 중국인가요? 글쎄? 우리의 적은 북한이데요 제가 있는 곳은 최전방 비무장지대인데요 군대 가서 소원이 하나 생겼어요 간절한 소원이요 뭔데? 통일이요 그렇구나! 우리의 소원은 통일이지 그렇고말고

우리 동네 송씨 아저씨

우리 동네에는 송 씨 아저씨가 살고 있다
나이가 55세가 되도록 총각인 그는
학교 다닐 때 공부를 너무 잘해서
얼마 전까지 초등학생들에게 잉글리쉬를 가르치는 선생이었다가
지금은 낮엔 유적 발굴하는 데 가서 하루 종일 땅을 긁다가 와서
본업인 성인용품 가게에서 손님을 기다린다 투잡이다
그날도 날이 으슥해지자, 얼굴이 불콰해져서
이웃 가게인 우리가게에 왔다
어디에서 술을 한잔 하셨군요? 예 동창회가 있어서
그런데 왜 혼자 오셨어요? 아 글쎄 친구들하고 술을 한잔 하는데 이구동성으로 한마디씩 하지 뭡니까? 결혼하라고. 아직 내 나이가 60도 안 되었는데 왜 자꾸 결혼을 서두르는 겁니까? 안 그렇습니까? 하긴 지금까지도 잘 살아왔는데 급할 건 없죠
그러나 밤이 되면 황제처럼 온 시내를 돌아다니며 술을 마시고
마지막엔 어김없이 우리가게에 들른다
그러면 아이 달래듯 달래면 예 예 하면서 말도 참 잘 듣는 송 씨 아저씨가 있다

등산가

  꿈이 커서 산이 되었다 내 다리가 평발이어서 산을 못 탄다고 전문가가 말했다
  침묵한 산, 깊은 산, 언제나 그곳에 있어야 하는 우직한 산, 신비의 속살을 헤집고 들어가 섦마다 간직한 비밀 알고 싶다 사랑한다는 도저한 말? 그래도 오늘 운동화 끈을 맨다.

 제 3부

이제 엄마 손 잡고
꽃길을 걸어서
소풍이라도 좀 가세요

겨울
– 겨울밤에

옛날 옛날에
어머니는 겨울밤이면 밥공기를 담요에 돌돌 말아
아랫목 이불속에 묻어 두곤 했다
돌아오지 않은 식구들, 아버지나 오빠나 동생이나
희미한 등불 밑에 누워 내 발이
이불속 그릇에 조금 닿으면 따뜻했다
그 따뜻한 공깃밥을 배불리 먹고
다 겨울로 떠났다

이제 돌아 올 가족이 없다
나는 침대 밑에 내가 쓴 시들을 쌓아 놓고
그 위에 엎드려 시를 쓴다
먹어도 먹어도 배고픈 시를

겨울 몽상하기

다시 눈이 내리고
바람이 불고 모든 지붕 밑
골목과 골목이 얼어붙었다
수런거리며 오가던 저잣거리 사람들의 발길도 뜸하고
개울을 덮어 길을 낸 길 위를 뭉개 눈이 내려
덮고 덮었다
가게를 닫기 전 길고양이들이 유리 눈알을 굴리며
부랑자처럼 뒷문에서 기다렸다
눈을 마주치지 않고 그들에게 닭고기를 던져주는 일이 일과의 끝이었다
 그리고 켜켜이 밀려드는 어둠
 책을 펼치면 문장마다 탱자나무가 가지를 뻗으며 울타리를 치고 있었다
 동구 밖 강둑을 따라 막자골이나 야척마을 어귀까지 뻗어갔다
 그 가시나무, 이름만 불러도 눈물이 흘렀다
 그래서 읽다가 만 끝을 못 본 책들이 쌓였고
 그 눈물들이 캄캄해지면
 그 깊은 산에 눈이 내리고 내렸다

너는 설원에 살고 있구나
세상의 모든 이야기는 거기서 시작 되었구나
언제부터 내 몸이 창이 되었을까
그 창에 어른거리며 펼쳐지는 너는 풍경이구나
겨울이구나

겨울 강 건너기

새벽부터 내린 눈이 밤이 되자 얼어붙기 시작했다
길거리는 풀 먹인 옷처럼 뻣뻣이 얼어붙었고
가로등과 네온불빛들도 꽁꽁 얼기 시작했다
찬바람은 더는 얼 것이 없나? 정찰 나오듯 휙 돌아보곤 했다
가끔 가게 문을 열어 거리를 확인하곤 했다
미끈거리고 차디찬 겨울밤이
어느 깊은 광에 궤짝 속처럼 깜깜해지면
바스락바스락 두통은 시작되었다
그 낡고 오래된 시장 골목 어두운 길을 쥐들이 돌아오고 있었다
일방통행 길을 지나 샛길로 접어들고 있었다.
그들은 다니던 길로만 다녔다
우리가 다니던 길도 누구의 천장은 아니었을까?
그가 말했다. 걷기만 해도 근육이 생긴다고
삶은 점점 미궁 속 골짜기로 몰아가고 있었다
이미 검은 내부
겨울 산 던져진 돌처럼 딱딱하게 굳어 갔지만
쥐들은 포기하지 않고 머릿속을 뛰어다녔다
모든 기억을 갉아먹었고

한 줌의 사랑의 온기마저 남김없이 주고
그 겨울을 겨우 빠져나왔다

가난의 대가는 참으로 무서웠다
이제 내 머릿속에는 네 기억은 없다
네가 묶어놓은 매듭마저 사라졌다

겨울로 갔던 이들이 눈 되어 온다

떠난 자는 반드시 돌아온다고 했다
여기는 어디쯤일까 의문스런 눈이 내린다
하얀 잠옷을 걸친 채 떠도는 영혼처럼
때로 나부끼는 춤 조각 같은
땅에 닿지도 못하는 발 없는 귀신들이 도처에 흩날렸다
눈 오는 날은 잠시 회색 하늘과 땅이 하나가 된다

사랑에도 무슨 목적이 있었을까
내가 세상에 태어난 목적이 있었을까
겨울밤은 잠들 수가 없다
수면제를 먹으면 잠이 동굴 속으로 기어가는 게 보인다
애벌레처럼 밤 9시 30분 눈을 감고 잠을 기다린다
 일찍 자야지 잠을 엿가락처럼 길게 늘어뜨리며 달콤하게 푹 자야지
 핸드폰 번호를 아무리 눌러도 숫자가 안 찍히고 전화가 걸리지 않는다. 내가 여기 있다 신호를 보내야 하는데 꿈에도 네게 닿지 않는다 악몽이다
 언제부턴가 중요한 부분이 사라졌다
 밑줄 그을 문장도 없다

사랑은 어떤 느낌이었을까 사랑 없이도 살아갈 수 있다
추억이 없는
기억을 다 지운 이들만이 지상으로 하얀 눈 되어 내리는 걸까
깊은 겨울 한가운데를 내리꽂는

인생의 긴 겨울이 어서 지나가세요! 깜박거리는 신호등 앞에서 파란불을 기다리는 나에게
쌓일 곳이 어디 있다고
닿으면 더러는 녹고 더러는 붙어 있어보는
낯선 거리에 그리움 같은 눈이 내리고 있다

겨울밤에

겨울이 깊어지자 부실한 옷을 꺼내 바느질한다
한 땀 한 땀 바느질을 하고 있으니
시간도 꼼꼼히 가고
모든 생각들도 바늘 끝에 와서
예리하게 멈추었다가 실과 함께 끌려 나와
또닥또닥 기워진다
이 바느질 시간에는 분명 한 단계나 한 언덕은 넘어서서
저 먼 들을 바라보듯
뭔가는 중요한 깃이 기워지는
소설의 긴 이야기 중에 한 부분이
마무리되는 중요한 순간이 아닐까
지금 막 늙어가는 중

눈 속에 갇히다

아들은 군에 가고
첫눈이 오고
두 번째 눈이 내리네
가게 앞에 고창에서 사 온 소금을 뿌리네
눈물처럼 눈이 녹아내리는데

부산에서 오빠가 전화 하네
내려오라 그만 내려오라 하네
무슨 미련이 그리 많으냐고
모르지, 갇혔는지도 여긴 감옥이거나 유배지
죗값을 다 치르기 전엔 내려가지 못하리라
오빠의 소금기 절은 목소리가
내 마음속에 눈이 녹고 있네

흐린 눈으로 어두운 신문을 보네
손님은 없고
오늘 같은 날은 아무도 안 왔으면 좋겠네
꽉 망해버려서 또 보따리 싸고 부산 가고 싶네

봄이 올 때까지 운동해요

오래된 건물을 철거하고 나니 큰 공터가 생겼다
베란다에 나가 커피를 마시며 텅 빈 공터를 바라보는 게 일과 중 하나였다

바람만 휭- 불었다
바람이 세 들어 살았다
바람의 집이 되었다

아무것도 없는 거기에 봄이 되자 냉이 꽃과 많은 풀들이 자랐다. 파랗게
바람이 일구었을 것이다

네가 떠난 자리에도 보라색 제비꽃도 나리꽃도 피어나기를
무수한 이름 모를 풀들과 꿀벌도 붕붕 거리며 날아오기를

발가락을 꼼지락거리고 손가락도 꼼지락거리고
머리를 좌우로 흔들며 엉덩이도 들썩거리며
조심스럽게 오른쪽으로 일어나세요

어지럽지 않게

봄을 맞아요

슬픔 4
– 슬프고도 찬란한 봄날

날이 이렇게도 좋은데
잠이 오네요
임신한 여자처럼 잠이 쏟아지네요
세상 곳곳에 꽃이 피고
꽃놀이로 난리법석을 떠는데

상관없이 낮잠을 자요
그 꿈속으로 평생 농부였던 아버지는 쟁기와 연장을 챙겨
지게에 지고 검은 장화를 신고 소를 몰고 이랴 이랴
햇살 가득한 들로 나가네요
워워 밭을 갈아엎어요

아버지 이제 밭농사는 그만 지으시고
제발 엄마 좀 데려 가세요
이렇게 봄이 온 줄도 모르고
3년째 병원에서 아버지를 기다리고 있어요.
이제 엄마 손 잡고 꽃길을 걸어서 소풍이라도 좀 가세요.

봄이 왔다는 것

17층에서 내려다보면
봄이 선 채로 멈춘다
하늘은
능선마다 붉은 꽃을
화상火傷처럼 피워 놓았다

너는 어디서든지 차고 넘친다.

그러나
이 기다림은 아무 쓸모도 없는
부러진 연장 같다

봄에는 꽃이 피네

세상을 환하게 들어 올리는 등같이

또는 폭발같이

꽃이 피네

밤낮없이 눈을 감아도, 돌아서도

길을 걸어도, 기다려도, 기다려도

꽃이 피네

닿으려, 닿으려 닿지 못하는 거기까지에도

꽃이 피네

그렇게 사라져 갈 거면서

영원히 살 것처럼

봄에는 꽃이 피네

춘몽

겨울을 비켜 앉아 시간의 직물을 짰다
문양은 끝없는 빗금을 치고
당신은 잘 달리는 말처럼 어깨에 덮개를 하고 길을 떠났다
그 길은 수천 갈래
여기까지 이어져
두런거린다. 나는 이미 마법이 다 떨어진 늙은 마녀
누워 희미한 말발굽 소리 듣는다
안인지 밖인지
대지의 시간 꾸덩한 엿가락처럼 연해지고
안개가 떡시루같이
피어오르는 아침 드디어 땅바닥은 틈을 보이기 시작하고
벌집을 들여다볼 때처럼 흠흠
그 깊은 잠속으로
봄이 오고 있다
달콤한 꿀 냄새가 나기 시작한다

다시 오월로 가서

5월에도 우울해도 될까
주말에 강으로 갔다
산란의 시간, 그믐을 기해 하구에서 상류로 물고기들이 대이동을 시작 할 때
이때다!
길목을 막아서려 할 때
바람의 타래들이 무작위로 풀려나왔다
무슨 사나운 짐승처럼 걷잡을 수 없이
낚시꾼들의 모자나 옷, 머리, 가슴, 모든 숲을 삼킬 듯이 물어뜯었다
나무들이 미친 듯이 춤을 췄다
웬 바람 인 것이다.
지금은 산란의 시간이다
근접할 수 없었으므로
물고기들은 아무에게도 방해받지 않고 까맣게 무리 지어 유유히 상류로 올라가 알을 슬 것이다
모든 새끼를 가진 어미의 마음들이 바람을 몰고 온 것이다
바람의 잔치, 그리고 산란의 시간
강둑에 차를 세우고
어디 갈 길을 잊은 것처럼

어디 갈 곳이 있는 것처럼
그렇게 서 있으면
바람의 뭉치고 펼쳐짐이 겹겹이 물결 같은 엄마의 방 같아
아, 아늑해져
졸음이 막 쏟아지는 것이다
바람은 잉잉거리며 피리를 불고
수렁 같은 잠 속
네가 흔들어 깨우기 전에는 눈을 뜰 수 없는
나는 아직 그 상류에서 부화되기 전
태어나지 않았다
아직 너를 만나지 않았다

여름
– 느티나무

뙤약볕이 폭주하는 한낮
느티나무는 고고히
여름을 향해 부챗살 같은 바람 여러 갈래 만들고
심심하게
그늘 한그루 자화상처럼 그려 내었다
그리고 아무 일도 일어나지 않았다
나무라는 이름으로 고독했다

이제 아무도 나무의 기억은 없다
사람들은 무심히 지나갔고
매미 울음만 무슨 발작 같았다

바람이 좋구나 그늘이 좋구나
이런 기다림도 괜찮구나
나 혼자만의 그리움으로
나무 하나를 여름 내내 흔들었다

그러나 나무는 고독하다
나보다 더
너보다 더 말이 없다

그냥 그곳에 남겨진 잊혀진 지명이나 정물처럼
나무였다
푸르렀다

유월의 아카시아 꽃

투 바위 고개를 야밤에 구불구불 오른다

온 천지를 진동한다는
때가 지나면 끝. 이라는
꽃 내음 맡으러

향기는 마법처럼 숲을 마취시키고
꽃들은 희끗희끗 무섭게도 퍼져
무엇에 대한 강한 저항일까
온몸에 가시를 달고서
저 뿌리들이 온 산을 다 휘감고
친친 나에게 까지 뻗어온다

누구의 긴긴 기도가 이곳으로 다 모였을까
그렇다면
저 꽃나무들도 신념이 있지 않을까?

내려오는 길은 그 무엇의 사타구니
미끄럽게 휘어지고 혹독하게 감기다
풀린다

그 울창한 숲을 빠져 나 올 때
누구든지 그렇겠다
쉰 목소리 같고
향기에도 영혼이 깃들어
끈질기게 나를 빨아 당기는

아카시아 꽃!

장마 1
– 비가 온다

억수장마 진다
세상의 뼈까지 적신다
월, 화, 수, 목, 금 모두 비에 젖고
나무들은 내내 푸들푸들 떨며 서 있다
빗물들은 골목에서 골짜기에서 만나고
강은 드디어 강다워지며
강답게 운다
지금 막 나의 어느 부분도 휩쓸려 떠내려간다
내가 끝내 다스리지 못한 것 이었을

이렇게 내리기만 할 수도 있구나
쏟아지고 넘칠 수도 있구나
비만도 못한 사랑이다
장마철에는
오 래 도 록 젖어 있을 일이다

장마 2

아무리 깊고도 넓은 강물도
가뭄이 들면
그 가슴의 바닥까지 다 드러내 보여
맨발로 걸어 들어가면서도
부드러움을 포장하기 위해
결국 담아야 했던 딱딱한 아픔을 보았다

그러나 오늘 다시
만강이 되어
우렁차게 급히 뛰어드는
그곳이 슬픔이라 해도
강은 도달하기 위해 흐르고 있었다

때로는 운명을 거역하고 싶지 않은 것이다
그 크나큰 급류에
온몸을 맡기고
상처가 모든 생애에 꿈을 다 구겨놓아도
그 누군가의 목적에 나를 재료로 삼기 위해 만들어져
이 세상에 던져졌다면
그 강 속에 깊이 잠긴 하나의 돌이면 또 어떨까 싶었다

장마 3

비, 비, 비,
장마의 날들이다
가장 낮은 곳에 떠 있는 걸까
세상은 가만히 있어도
풍랑에 흔들린다

산은 습기에 누워
허리를 적신 체 흐르고
시장가면 언제나
허연 소금으로 배를 채운
자반고등어가 나를 기다렸다

휑한 변두리 도시
아직도 그리움이다
그대는
한때의 몰입을 버리지 못한 채
파편 난 꿈 조각으로
내 삶의 가장 아픈 부분을 찌르곤 했다

8월에도

그 밭 한가운데는 마르지 않는 샘이 있었다
언제나 찰랑거리는
그 넓은 밭을, 들을 그 작은 샘이 먹여 살렸다
녹색의 피 울창하게 번지고 칭칭 꽃을 피웠다

너는 나에게 그런 정글이었다

2001 가을 유행

 매주 금요일마다 중앙 동사무소 회의실에서
 우리들은 머리를 맞대고 앉아 교수님의 문학 강의를 들었다
 종종 출입문이 들썩일 때
 세상의 모든 시는 다시금 호흡을 가다듬고
 우리들의 뇌와 가슴을 느릿느릿 통과 했다
 명 강의였지만 중간 중간 노자와 공자와 석가모니가 다녀가고 고대의 신들이 말씀을 나누었다.
 그분은 자꾸 실수 하는 걸 몰랐고
 누가 왜? 라고 질문하지 않았다
 강의가 끝나면 친구의 얼굴은 더 노래져 있었다.
 때론 인사도 잊고
 뿔뿔이 흩어졌다
 절망하고 하고 있었다
 시가 밥이 되는 것만큼 어렵다고
 허기졌다
 그 공복 속으로
 가늘고도 눈부신 가을이 오고 있었다.

한때 비 그리고 갬

비 온 뒤
거리에 나가면
어제의 젖은 우산을 접고
바작바작 윤기 나는 구두로
뒤 따르고

바람에
숲들이
뭉클해지면

어느 길로 돌아가면
너를 피할 수 있나

강물에 와서
하얗게 빛나는 햇살의 상처
순간마다 튀어

양산을 펴면서도
덜컹거린다
어디서든 무겁게 눕고 싶다
가라앉고 싶다

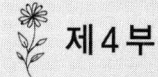 **제 4 부**

눈부신 사람 하나 사는
빛만 있는
그 창에
하얀 레이스 커튼 하나 달아주고 싶었다

지중해는 찜질방이다

너무 아프다
어디라고 할 것 없이
종아리가 폭우를 몰고 오기 직전이다
허리인가 싶으면
헛배가 부른 것도 같고
가장 오래 참을 수 있는 시간은 새벽 세 시.
찜질방에 가면
그 넓은 곳에 똑같은 옷을 입고
무슨 잠 못 자서 잡혀온 죄수들처럼 누워있다.
매우 아픈가?

황토방에 누워 뒤집어 가며 골고루 지지는데
 살다가 어느 부분 아파서 잠 못 이루겠거든 찜질방으로 오라
 세상 밖으로 쫓겨 난 사람처럼 하룻밤 쉬었다 가는 거라
 아침이 오면 휘었던 허리 정도는 거뜬히 펴지는 거라
 다시 살아보겠다고
 다시 너를 만날 거라고
 마을을 향해 걸어갈 수 있는 거라

고향으로 가는 중

  차창에 머리를 기대고
  번역 소설을 읽으면서 떠나는 것은
  화물칸에 실린 사과 한 상자처럼 각기 다른 생각들이 문장마다 흔들렸다

  저녁이 지는 겨울
  곧 검푸르게 변하다가 깜깜해지는 밤도 보았다
  그러면서 하나둘씩 인가의 불빛들이 밤하늘에 별보다 먼저 불을 밝히는걸 보았다
  산 아래마다 마을들이 자리 잡고 어떤 곳에는 혼자 불을 밝히는 것도 보았다
  그리고 하나둘씩 그 호젓한 마을 위로 별들이 떴다
  그런 것들이
  무슨 흐릿한 기억처럼 지는 겨울의 노을과 검푸른 저녁 그리고 밤
  아무것도 아닌데
  꼭 밤을 맞이하러 가는 것처럼도 느껴졌다
  그 산골 마을과 편편한 마을과 모여 사는 마을과 나 홀로 마을과 도시

버스는 무슨 긴 소설처럼 책장을 넘기듯이 지나갔다
언젠가 미치도록 떠나고 싶었던 곳이었다
그러나 지금은 너무나 그리운 그곳이 되어 한 마리 상처투성이 물고기가 되어 돌아가고 있다

허브 빌리지에 가다

무슨 생각이 있어서가 아니라 갑자기 겨울이 보고 싶었던 게지
얼음을 물고 있는 강이라든지
가늘게 눈을 뜨고 바라보아야 하는 짧은 오후 햇살의 잔광이라든지
나뭇가지들이 자신을 비춰보는 맑은 겨울

(멀리 있어도
만나지 못해도 헤어진 건 아니야)

멀리 떠나버린 친구를 불러 설악산 보러 가고 싶다
그때처럼 동명항이나 주문진 시장가서 회 한 접시에 소주 한잔하고 싶다

이렇게 이별이 잦은 요즘에는
정리할게 많아졌다 어리석게도

300년을 살았다는 올리브 나무라니?
죽지 못해서?

올리브 나무에게 말했지

(300년이 지나도 사과하지 않을 것이다)

감포 앞바다 1

하루 종일 흥얼거리던 파도가
엎어진 체 마루에서 잠이 들고
헥헥 거리며
너의 모래성 무덤같이 쓰러진 뒤
자갈밭마다 미역이 바다의 옷처럼
버적버적 말라 갈 때
비린내가 오랜 자신의 체취처럼 찝찔한
통통 통통배 팽이처럼 돌아가는 주소
동해 감포 앞바다 오류동
긴 머리 처녀가 풍경처럼 서 있고
노을이 질 때 마다
절음발이 소년이 염소를 몰고 가면
기우뚱 엎질러지던 바다
중년에 내가
다시 한 번 머리를 칠흑으로 기르고
절뚝절뚝 그 해변 집 앞을 걷노라면
바다는 흔들릴까 쏟아질까?

감포 앞바다 2

녹슨 철길처럼 덜컹거리는 마음
다 써 버리고
더 이상 갈 곳이 없으면
감포로 간다
밀어 내어도 밀어내어도
자갈 거리며 빛나는 해변
발전이 없어 모두 떠나도
어시장 한쪽 폐허처럼 가슴에 묻고
엎드린 해변 마을들이
게슴츠레 눈을 부비며 바라보는 바다
하루 종일 있어도
심심한 어선 두어 척 지나가고
새로 들어선 모텔 몇몇 채
검고 차가운 물미역처럼 번들거려도
아무것도 의심할 것이 없고
대답할 것 또한 없어서 좋다
모든 것 다 내버려두고
철벅 철벅
파도치는 일이 전부다

그 집

밝고 밝은 집이 있었다
눈부신 사람 하나 사는
빛만 있는
그 창에
하얀 레이스 커튼 하나 달아주고 싶었다
내가 갈 수 없는
그늘이 살 수 없는 집에
밤을
깊은 잠을 선물해 주고 싶었다
나의 꿈을 꾸게 해 주고 싶었다

마니산에 가면

하늘에 제를 지냈다는 단군은 하늘로 가고
참성단에 향로만 덩그러니 남아 있다
마니산 단풍들 우우 몰아가며 올랐다가
내려갈 때 구름양 떼 모두 몰고 데려오다
여기 산기슭에 머리 기대고
낮잠 자듯 눈 감고 싶다 그러면 전 생애
진정 사랑했다는 말은 나무로 자라 **빽빽한** 숲이 되고
새를 부르고 낙엽을 흩뿌려 산이 되었겠는데
이 나무와 저 나무의 거리, 한 계단 한 계단 918 돌계단 층마다
그리움이 충만하리라
그러면 당신 먼 훗날 여기, 이 나무 밑에 앉아
곤줄박이 새처럼 훌쩍훌쩍 울기도 하리라

다시 동두천에 가면

떠났다 오면 체구가 작아진 노모처럼 도시는 작아져 있다
텅 빈 곳간 같다
숭숭한 발걸음으로 지나간다
어렴풋이 아는 얼굴이 있어도 인사도 없이 지나간다
그들도 나를 기억하지 못할 것이다
특별히 반기는 사람이 없어도 30년을 밟고 산 곳이다
그냥 안부가 궁금하다
습관처럼 살던 집 한 바퀴 삥- 돌아본다
항상 동쪽으로 머리를 두고 잠을 잤던
4층 창문도 올려다본다
그때 빛나던
어깨를 부딪치며 걷던 골목들을 두고 다 어디로 갔을까
어디에서 나만큼 낡아가고 있을까
모든 이야기는 옛날얘기가 되었다
이 팔뚝 좀 봐
검버섯이 꽃처럼 피어 번지네
카페에서
마주 앉아 마시는 우리의 이야기도 쓰다
언제부터 낭만도 풍경도 시들
시들기 시작한 걸까

탄력 잃은 언어들
언니 근육을 키워야 해
걷는다고 운동이 되지는 않아
요즘 애들은 식사 했느냐고 물어보지도 않아
나도 이제 옛날 사람이 되었다

높이 날려 올리던 연처럼
멀어지면 더욱 작아지던
고향도 아니면서
오래 살았고 사랑했던 건 아닐까 동두천말이다

집에 가고 싶다

해가 오르면 가장 먼저 창을 비추었지
머리는 동향이었지 왜 그래야 하는지는 모르지만
내가 태어난 곳이 그쪽 동쪽이니까
그러니까 잠은 새우잠을 자고 또 돌아오고 눈을 떠도 집에 가고 싶다는 생각이 커튼처럼 드리워져 있었던 거야
그러니까 세 들어 살면 집이 있어야 될 것 같고
집을 사고 나면 빨리 팔고 고향으로 가야 될 것 같은
모로 누워 자는 이건 객지 잠이야
바다가 고향이었다고 생각했어 갈증이
갈증을 부르는 항상 목이 말랐어 어서 집에 가서 암막 커튼을 치고 푹 자고 싶었던 거야

분명 집에 왔는데도 집에 가야 될 것 같은

완벽하지 않은 불안한 숫자 9를 가방 속에 가득 담고 살아가는 기분
열린 문을 덜 닫고 나온 것 같은
그럼 내 집은 어딜까? 엄마를 만나기 전 태어나기 전 그곳이 나의 집이었을까

집에 가고 싶어서 다시 태어나고 다시 태어나 보니 우리 집이 아닌 거야 그래서 또 다시 태어난대 집에 가기 위해서

원흥사

원흥사에 오른다
너무 비었거나
가득하여 무겁거나
그 불균형을 싣고 오르는 길은
가파르고 배배 꼬여 있어서
늘 오를 때마다 무슨 내장 속을 들어가는 것 같다
마주 내려오는 차가 있다면 비킬 곳도 마땅치 않고
중도에 섰다가는 뒤로 곤두박질치기 일쑤일 텐데
아직 한 번도 사고가 없었단다
그러거나 말거나 걸어서 오르지 않고
매번 산꼭대기까지 등뼈를 곤추세우고
죽으라고 차를 끌고 오른다

산신당 계단에 이르러서는 그 긴장감이
다리가 후들거리고 등에서 땀이 흘러서
아아 무엇 때문에는 다 잊고
법당 앞에 서면 심장 여덟 개쯤 떨어지는
이슬 소리 듣는다 그러면서 보게 된다
턱걸이 산들이, 그 아비의 산
할아버지의 산들이 겹겹이 아득히 펼쳐져
절이 품 안에 다 안고

남쪽으로 향해 따뜻한 기운 다 쏟아 보내는
이 평온함

아무 날이나 가도 제삿날이다
누구의 조상인지는 몰라도
내 어머니가 차려준 밥상처럼 입맛에 맞다
나도 죽으면 여기서 살겠다
기도하는 곳에는 영혼이 기울어져 죽은 후에도
그곳에서 살게 된대
젊은 비구니는 그런 우리를 보고 미소 짓고 계신다
너무 밀어버리는 게 길들어 반지르르 빛나는 머리
티 없이 깨끗하고 정갈한 부드러운 눈빛
道를 너무 닦으셨나?
사바세계에 입문하셨나
속세를 영원히 떠나셨나
스님이 부처님인지
부처님이 스님인지
또 가파르고 배배 꼬인 길을 기다시피
내려오면
벼랑에서 풀려난 아이처럼
집에 와서 드러눕는다

지장산에 가면

8월 더위에 지장산
초입부터 계곡은 말라비틀어져
갈증을 부르는 물소리 쫄쫄 흐르고
여름이 꺾이는 대목이라고 해야 하나
찌르르 찌르르
귀속으로 들어오는 벌레 소리
오랜만에
계곡물에 발을 담그고 있으니
나도 너의 귓속에 들어가
찌르륵 찌르륵 울고 싶더라

제주도에 가자

수평선을 딛고
붉은 해가 떠오르는
해비치 마을에서
숭덩숭덩 바람이 들락거리는
돌담을 쌓아
바짝 엎드린 집을 짓고
낮에는 물질하고
밤에는 너를 기다리겠네
파도 소리에 귀는 먹겠네
쉴멍 놀멍
한세월을 바다 끝에
매여
해녀로 살고 싶네

휴일 1

하루 내내 잿빛 하늘이 어스름을 서서히 부르는
상가들이 하나둘 불을 밝히고
거리는 누구의 허전한 내장인가
소화하기 힘든 질긴 고기처럼 자동차들은 시끄럽게 지나가는데
그때마다 건물들은 한 번씩 어깨를 들썩이는데
도대체 무엇을 먹어야 따뜻해질 수 있을까
드디어
너의 부재 앞으로 눈이
받지 못하는 우편물처럼 쌓인다

창밖은 너무 지치거나 늙은 게 분명하다
불을 밝히지 않으리라
휴일 하루 그 조용한 나라를 세우는 동안
내 뱃속에 말을 다 버리고
백발의 노파가 되어 허리를 꼬부리고
어둠 속으로 사라지는 장면
연극 같다
때론 슬픔은 물미역처럼 미끄럽다

휴일 3

3일은 네가 없고
3일은 내가 없고
그리고 휴일이 오면
겨울나무들은 하늘 높이, 더 높이
잡을 것이 있다는 듯이
오를 것이 있다는 듯이
모든 손가락 다 펼치고 서 있다
그 사이로
사아아 바람은 지나가고
무거운 허공도 흘러내린다
아무래도 봄은 오지 않을 것 같다
열 번 찍어 안 넘어가는 나무 없다는데
스무 번만 찍어볼까
다시 한 번 힘내어 밀어 볼까
손가락 열 개 펼쳐보고
오므려 보고
마디마디 흔들어보고
하늘에다 대고 한번 찍어본다
얼룩지는 슬픔

초원에서 식사

그녀가 푸른 상추를 뜯어다 주고 갔네

무가 그리 식구가 많다고 배고픈 소꼴 베다 주듯 족히 한 광주리는 되겠네

유월에 양식은 유일한 상추네

먹어도 먹어도 많네

쌈을 싸서 입이 터질 듯 눈이 튀어나올 듯

그대 입에 먹여주고 싶네

마주 보고 점심밥을 먹고 싶네

정오의 한낮

저 먼 초원에서 짐승 한 마리 냠냠, 우걱우걱, 식사하네

눈을 반쯤 뜨고 지긋이

초원의 끝, 무료히 굴러가는 둥근 지구를 바라보네

재미없네

맛이 없네

안면도에서 잠들다

어촌 저녁은 푸른빛으로 온다
고적한
간자미 등 꼬리처럼 서늘한
너풀거리는 슬픔 같기도 한
안면도 갯벌 위에
뱃머리를 대고
잠을 청하면
빠져나갔던 기억이 되살아나듯
처억 척 저 멀리서 되돌아오는 밀물 소리
갑자기 너는 오래된
그리움 같기도 하고
한 번도 만난 적 없는
망망대해 망루 같기도 하다

푸른 어둠이 푸른 바다를 덮고
나를 덮고 갯벌 속으로 들어가
검어지면 더욱 깜깜하고
끈적한 잠을 잘 수 있겠지
다시는 우리 만나지 않겠지

이미 개펄에 갇혀 발을 뺄 수 없는
모든 세계는 축축하고 먹먹하다

누군가가 둥근 탁자에 둘러앉아
두런두런 밤늦도록 얘기를 하고 있다
입 꼭 다물고 눈 꼭 감고 그 얘기 듣고 있다

성산 일출봉

누웠거나
턱을 괴고
바라보는 바다
가늘게 눈을 뜨고
졸리다
포말도 조용히 일고
갈매기 몇몇
물 위를 쪼다

하루하루
세상과 돌담을 쌓고
하던 가락대로 하련다
배가 들어온다
사람을 가득 싣고
성산 일출봉 보러 가뭇한
대낮에
배를 밀고 들어온다

자도 끝없이
밀려오는 잠처럼

배가 들어온다
성산 일출봉은
눈뜨고도 잔다
미루어 두었던 잠을
사람들은 한 짐 부러 놓고 떠난다

산정호수에 가다

겨울에 갈증이라니
이 물을 다 마셔도 해소될 것 같지 않다
물길처럼 어둡고 답답하다
무엇을 원하는가

살이 오르는 몸집을 감당하기 어려워 둘레길도
숨이 차다
언제부턴가 가던 길을 되돌아서
오고 있다
더 나아가지 못한 욕망이
뒤뚱거리게 된 것이다

무의도에 가서

무의도 둘레길에
진달래가 흐드러지게 피었는데
봄바람이
모든 꽃잎에 입을 맞추는 시간
물결들은 빛, 빛, 빛나는데
이 많은 빛으로 무얼 할까나
바다의 춤이겠지?

홍매화에 코를 대고 흡!
달콤하고 향기로운
너에게 갈 일이 있다면
화사한 꽃으로 가겠다

슬픔 1
– 비로소 그로부터 먼 곳이다

무리를 잃은 들소처럼

기쁨이 사라진 거리처럼

이웃이 없는 첩첩 산골처럼

저 혼자 차오르고

저 혼자 저무는 저기, 바다

해 뜨는 수평선이거나

오래 오르고 먼, 언덕이거나

왜 그런 기분이냐고

물어도

몰라

상패동 안개

　강변으로 창이 있는 집은 언제나 기계바람 소리를 들어야 한다. 자동차들은 쏜살같이 달려와 바람을 치었다 그 소리는 언제나 거칠고 험했다. 이른 아침부터 놀란 강물들은 일제히 머리를 풀고 문을 열면 돌연, 안개가 목이 잘린 채 밀물로 들이닥쳤다 그런 날 어제의 꿈들은 조각난 영혼처럼 둥둥 떠다니고 세상은 안개 속에 갇힌다

　어디까지 아래로 내려가야 할까
　햇살에 벗겨지기 전
　지금은 무슨 휴식 같다

작품 해설

슬픔의 깨달음 혹은 생生의 미망未忘

나호열(시인·문화평론가)

>오늘을 넘어선 가리지 마라!
>슬픔이든, 기쁨이든, 무엇이든,
>오는 때를 보려는 미리의 근심도
>
>― 「마음의 꽃」, 이상화

1. 시란 무엇인가?

  시집 『한 때 비 그리고 갬』을 읽다가 김동순을 읽는다. 삼십 년이 흘렀나? 그 때는 나도 젊었고 그도 젊었었는데 지금은 같이 늙어가고 있는 중이다. 삼십 년 전을 기억하다보니 시詩는 가르칠 수도 배울 수도 없는 것인데 가르쳐보겠다고, 배워보겠다고 혈기만 가득했던 시절이 떠오른다. 동두천 중앙동사무소 2층에서 나는 '중간 중간 노자와 공자와 석가모니'를 불러 모셨고, 그 때마다 김동순은 '절망하고 있었다 / 시가 밥이 되는 것만큼 어렵다고 / 허기져' 있었다.
  ― 시 「2001 가을 유행」 참조 ―. 시는 개인적 서사敍事(체험)가 감성에 덧붙여져서 새로운 세계를 보여주는 것이라는 생각은 변함이 없지만, 무엇보다도 시 쓰기에 선행되어야 할 의

식은 타고난 시적 감각이 필요하다는 사실도 간과할 수 없다. 영원불변한 시의 정의는 존재하지 않으며 앞으로도 존재할 수도 없는 것이니 상식에 때 묻은 감성은 마땅히 폐기처분해야 마땅한데도 아직도 이 땅의 많은 시들은 특별한 서사敍事에 기웃거리고, 어설프게 안빈낙도安貧樂道를 읊조린다. 다시 말해서 시는 사회적 존재로서의 '나'의 내면에 은폐해 있는 자아를 들춰내어 유령과도 같은, 조금 과하게 니체가 말했듯이 자신의 추함-모든 복합적 감정-을 마주하고 투쟁하면서 끝내는 자신을 사랑하는 길을 걸어가는 것이다. 그래서 시인은 단순히 시를 쓰는 사람이 아니라 부단히 시를 써가면서 자신의 새로운 면모를 이루어나갈 때 비로소 시인으로 불릴 수 있다.

어느 시인의 말처럼 누구나 시를 쓸 수 있으나 아무나 시인이 되는 것은 아닌 것이다.

시집『한 때 비 그리고 갬』은 삶의 어둡고 막막한 본질을 파들어가는 광부가 되어 끝끝내 우리들의 등짝을 덥혀주고 한 줌의 재로 사라져버릴 연탄과도 같은 시를 회의懷疑하는 행로를 보여줌으로써 인간 김동순에서 시인 김동순으로 탈바꿈하는 계기를 만들어주고 있다. 특별한 어떤 소재素材도 현미顯微한 주관의 개입이 없이는 공허한 말장난에 그치는 것인데. 시집『한 때 비 그리고 갬』에 전개된 김동순의 세계관은 존재의 단단한 낭만의 껍질 속에 자리 잡은 슬픔의 본질을 보여주고 있으며, 이는 삼십 년 전에도, 지금 이 순간에도 변하지 않는 시인의 삶 자체이다. 시집에 수록된 팔십

여 편의 시는 미루어 짐작하건대 '시가 밥이 되는 것만큼 어렵다고 / 허기져'있음이 부단히 이어져온 시인 김동순의 내공에서 비롯된 산물이다.

2. 이미지image의 시

아무리 시류時流와 시류詩類가 바뀐다 해도 이미지가 시의 본령임을 부인할 수는 없다. '시 속에 그림이 있다(시중유화詩中有畵)'는 말은 우리가 쓰는 언어가 관념觀念으로 이루어진 까닭에 사실 그 자체를 완벽하게 드러내는 것이 아니라 느낌만을 다시 관념(머리 속의 그림)으로 환원시킨다는 것이다. 대표적인 이미지스트 에즈라 파운드Ezra Pound는 시가 갖추어야 할 네 가지 요소를 표현에 있어서 상식적 진술이 아니라 맛있는 감각인 센스(sense), 운율, 우리 말이 지니고 있는 의성어, 의태어 사용 등을 활용한 사운드(sound), 앞서 말한 이미지(image), 시를 쓰고자 하는 사람의 세계관의 확립을 말하는 톤(tone)으로 규정하였는데, 이 모두를 완벽하게 구현한다는 것은 쉽지 않은 일이다.

그럼에도 김동순의 시는 짧은 시이든, 산문으로 이루어진 이야기 시이든 구석구석에 아포리즘aphorism을 삽입하여 시적 긴장을 불러일으키는 이미지의 고양을 효과적으로 활용하고 있음을 알 수 있다. 그 예를 몇 가지 들어본다면 '생각의 벌레들은 모두 등 뒤에 가서 산다'(「샐비어」)든가, '멀리 있어도/ 만나지 못해도 헤어진 건 아냐'(「허브 빌리지에 가다」), '그러나 / 이 기다림은 아무 쓸모도 없는 / 부러진 연장 같다'(「봄이 왔다는 것」)와 같은 문장들이 그러하다. 어째든 김동순 시의 특징은 긍정을 위한 부정, 예를 들자면 '물이 1/3이나 남았다' 보다는 '물이 1/3 밖에 남지 않았다'는 냉철한 현실의 인식으로부터 출발한다는 점이다. 쉽게 희망을 이야기 하지 않으며 모든 현상을 슬픔으로 귀착시키면서도 허무에 함몰되지 않는 내성(內省)을 견지하고 있다는 점도 그의 시를 빛나게 하는 요소인 것이다.

  모든 인간은 자신을 둘러싸고 있는 환경에 영향을 받는다. 그 환경은 시간과 공간의 조건하에서 개개의 성향(性向)을 구축하게 되고, 이로 말미암아 자신을 둘러싸고 있는 세계 -자연, 사회, 인간관계-를 주관적으로 판단하는 기제가 되는 것이다. 그렇다면 김동순을 둘러싸고 있는 환경 조건은 어떠한가? 일단 그는 고향을 떠나 - 대부분의 사람이 그러하듯이- 타향살이를 하고 있으며, 언제든 고향으로 돌아가고 싶은 꿈을 버리지 않고 있으며, 시간적으로는 서서히 늙어가고 있는 자신을 비춰보고 있는 중이다. 어째든 그는 슬프다. 그러나 그의 슬픔은 외롭고, 괴롭고, 그립고와 같은 대상의 부재나 결핍에서 오는 것이 아니다. '바닥으로 몸을 낮출 때 더는 갈 수 없는 곳이 / 내 고향이다'(「세상의 꽃들에게」부분)과 같이 시인의 귀향 의식은 욕망보다 한 걸음 더 나아간 소멸로 대치된다. 자신의 늙음을 한탄하기보다는 오히려 박제되어버린 지난 시간을 복습하는 일과로 삼는다,

> 오래 된 사진을 정리하는 일은
> 다시는 돌아갈 수 없는
> 또 다른 나를 내가 들춰보는 일
> 숨 쉬거나 움직이지 않는 박제 같은 너를
> 느끼는 일
>
> ―「사진을 정리하며」 끝연

  그의 슬픔이 외롭고, 괴롭고, 그립고와 같은 대상의 부재나 결핍에서 오는 것이 아니라면 시인 김동순의 슬픔의 근원을 어디에서 찾을까? 이 시집의 3부는 계절의 소회를 담은 시들로 이루어져 있다. 그 중에서 겨울에 관련된 시들이 특히 눈길을 끈다. 「겨울」, 「겨울 몽상하기」, 「겨울 강 건너기」, 「겨울로 갔던 이들이 눈 되어 온다」, 「눈 속에 갇히다」, 「봄이 올 때까지 운동해요」, 「춘몽」 등의 시편은 시인에게 각인된 생명의 소멸과 인내의 시간이 슬픔의 지점임을 암시한다. 즉 겨울은 폐쇄적 시공간으로 하강적이고 광물적 이미지로 재현되는 것이다.

> 부산에서 오빠가 전화 하네
> 내려오라 그만 내려오라 하네
> 무슨 미련이 그리 많으냐고
> 모르지, 갇혔는지도 여긴 감옥이거나 유배지
> 죗값을 다 치르기 전엔 내려가지 못하리라
> 오빠의 소금기 절은 목소리가
> 내 마음속에 눈이 녹고 있네
>
> ―「눈 속에 갇히다」 2연

이 시는 몇 안 되는 드물게 시인의 생활상을 드러낸 시이다. 시인은 어떤 연유의로 죄를 지었다고 하는 지 알 수 없으나 여의치 못한 모양으로 눈 내린 상황 속에 갇힌 감옥이거나 유배지로 겨울을 인식하고 있음은 분명해 보인다.

    가난의 대가는 참으로 무서웠다
    이제 내 머릿속에는 네 기억은 없다
    네가 묶어놓은 매듭마저 사라졌다

-「겨울 강 건너기」 마지막 연

「눈 속에 갇히다」와 연계된 시로서 겨울을 결여의 시간으로 묘사하고 있다.

    이제 돌아 올 가족이 없다
    나는 침대 밑에 내가 쓴 시들을 쌓아 놓고
    그 위에 엎드려 시를 쓴다
    먹어도 먹어도 배고픈 시를

-「겨울」 끝 연

「눈 속에 갇히다」, 「겨울 강 건너기」의 폐쇄적 상황을 극복하기 위한 침묵의 시간을 노래한다.

    겨울이 깊어지자 부실한 옷을 꺼내 바느질한다
    한 땀 한 땀 바느질을 하고 있으니

시간도 꼼꼼히 가고
　　모든 생각들도 바늘 끝에 와서
　　예리하게 멈추었다가 실과 함께 끌려 나와
　　또닥또닥 기워진다

　　　　　　　　　　　　－「겨울밤에」 1행에서 6행까지

　이 시는 겨울을 꿈과 희망을 기다리는 시간으로 묘사한 서정성이 돋보이는 시이다.

　　사랑에도 무슨 목적이 있었을까
　　내가 세상에 태어난 목적이 있었을까
　　겨울밤은 잠들 수가 없다
　　수면제를 먹으면 잠이 동굴 속으로 기어가는 게 보인다
　　애벌레처럼 밤 9시 30분 눈을 감고 잠을 기다린다
　　일찍 자야지 잠을 엿가락처럼 길게 늘어뜨리며 달콤하게 푹 자야지

　　　　　　　　　　　－「겨울로 갔던 이들이 눈 되어 온다」 2연

　그리하여 시인에게 있어서 겨울은 부재하는 대상의 결핍, 격리, 소외로 말미암은 슬픔 그 자체이며, 필연과는 거리가 먼, 목적 없는 사랑과 우연으로 태어난 삶으로 수렴되는 것임을 깨닫게 된다. 시인에게 있어서 모든 생명체는 슬픔의 집 그 자체이다.

그럼 내 집은 어딜까? 엄마를 만나기 전 태어나기 전 그곳
이 나의 집이었을까?
집에 가고 싶어서 다시 태어나고 다시 태어나보니 우리 집
이 아닌거야 그래서 또 다시 태어난대 집에 가기 위해서

- 「집에 가고 싶다」 끝 연

3. 여행자의 시

엄밀히 말해서 역사적 사명을 띠고 이 세상에 태어난 사람은 없다. 시「집에 가고 싶다」는 불교에서 말하는 윤회輪廻나 이것으로 말미암아 저것이 있다는 연기설緣起說과는 그 궤를 달리한다. 윤회나 연기는 이미 주어진 결정론인 반면 시인이 인식하는 생명체의 문제는 생의 본연적 목적이 없다는 것이다. 태어난 목적이 없어 슬프지만 어딘가에 슬픔의 집이 있다는 생각은 여행의 꿈을 꾸게 한다. 방랑은 헤매는 것이지만 방랑을 여행이라 생각하면 즐거운 낭만이 되지 않겠는가.

길을 만들고 길을 지우며
반평생 여기까지 왔네
그대 어디 있느뇨
생을 몇 바퀴 돌아야 만날 수 있으려나
방랑의 벽에
김동순 왔다 가다

이름을 새기네
저 아득한 세상의 끝에 서서

- 「여행자는 길에서 사네」 후반부

시집 『한 때 비 그리고 갬』의 일관된 주제는 생명체에 내재된 '슬픔'이다. 시인이 마주치는 사물이나 어떤 현상도 시인의 렌즈에는 슬픔으로 포착된다. 제주도와 같은 관광지나 주거지 가까운 어느 장소에 가더라도 그곳의 풍광은 '아무 날이나 가도 제삿날'(「원홍사」부분)이다. 365일 그 모든 날이 우리 모두의 생일이며 제삿날임을 우리는 자주 잊고 있지 않은가! 그런 장소 하나가 동두천이다. 고향도 아니면서 반 평생을 지내온 도시의 풍경 속에 시인은 여행자로 등장한다.

떠났다 오면 체구가 작아진 노모처럼 도시는 작아져 있다
텅 빈 곳간 같다
숭숭한 발걸음으로 지나간다
어렴풋이 아는 얼굴이 있어도 인사도 없이 지나간다
그들도 나를 기억하지 못할 것이다
특별히 반기는 사람이 없어도 30년을 밟고 산 곳이다
그냥 안부가 궁금하다
습관처럼 살던 집 한 바퀴 삥- 돌아본다
항상 동쪽으로 머리를 두고 잠을 잤던
4층 창문도 올려다본다

그때 빛나던
어깨를 부딪치며 걷던 골목들을 두고 다 어디로 갔을까
어디에서 나만큼 낡아가고 있을까
모든 이야기는 옛날얘기가 되었다
이 팔뚝 좀 봐
검버섯이 꽃처럼 피어 번지네
카페에서
마주 앉아 마시는 우리의 이야기도 쓰다
언제부터 낭만도 풍경도 시들
시들기 시작한 걸까
탄력 잃은 언어들
언니 근육을 키워야 해
걷는다고 운동이 되지는 않아
요즘 애들은 식사 했느냐고 물어보지도 않아
나도 이제 옛날 사람이 되었다

높이 날려 올리던 연처럼
멀어지면 더욱 작아지던
고향도 아니면서
오래 살았고 사랑했던 건 아닐까 동두천말이다

 ─「다시 동두천에 가면」 전문

 점점 작아지는 도시는 어찌 보면 시간의 흐름에 따라 쇠락해가는 '무엇 때문인가 /쫓겨본 적 있는가? / 담을 쌓아도 세월은 간'(「여러 개의 발을 갖고 싶다」 첫 연)다는 내 몸과 다를 바 없다고 느낀다. 이와 같은 익명의 도시 감성은 「휴일 1」, 「휴일 3」, 「철새에게」와 같은 시에서 섬세하게 드러난다. 존재에 내재된 슬픔은 달리 규명할 수 없으므로 안개로 스며들 수밖에 없다. 시집 『한 때 비 그리고 갬』에서 여행자의 시선으로 바라본 이미지 자체로 성공한 시로 시집의 마지막을 장식한「상패동 안개」를 꼽는다면 어떨까. 다가가면 다가갈수록 형체를 스스로 부수고, 축축한 슬픔의 물기를 남기는 안개는 '이 세계의 벽과 저쪽 세계의 벽에는 내가 모르는 줄이 그어져 있다 / 암호의 길처럼 / 단단한'(「여러 개의 발을 갖고 싶다」 6연) 격절되어 살아가는 우리에게 슬그머니 화해와 평온한 기쁨을 주기도 한다.

강변으로 창이 있는 집은 언제나 기계바람 소리를 들어야 한다. 자동차들은 쏜살같이 달려와 바람을 치었다 그 소리는 언제나 거칠고 험했다. 이른 아침부터 놀란 강물들은 일제히 머리를 풀고 문을 열면 돌연, 안개가 목이 잘린 채 밀물로 들이닥쳤다 그런 날 어제의 꿈들은 조각난 영혼처럼 둥둥 떠다니고 세상은 안개 속에 갇힌다

    어디까지 아래로 내려가야 할까
    햇살에 벗겨지기 전
    지금은 무슨 휴식 같다

-「상패동 안개」 전문

4. 앞으로의 시

『한 때 비 그리고 갬』 김동순 시인의 첫 시집이다. 시인의 말에서 시라는 유령에 사로 잡혀 반평생을 보냈다는 언명은 시에 대한 염결성을 잃지 않고 분투해 왔다는 의미로 받아들여진다. 그의 시편들은 아마도 단시일 안에 쓰여진 것이 아니라 한 뜸 한뜸 탑을 쌓듯이 오랜 세월 동안 다듬은 것으로 추측한다. 그럼에도 그의 시들은 젊고, '슬픔' 이라는 거대한 주제를 하나로 묶는 일관성과 각각의 시들이 다양한 문체를 구사하는 능력이 돋보인다는 점에서 스타일리스트 stylist의 풍모를 보이기도 한다. 두 편의 시를 감상해 보기로 하자.

> 밝고 밝은 집이 있었다
> 눈부신 사람 하나 사는
> 빛만 있는
> 그 창에
> 하얀 레이스 커튼 하나 달아주고 싶었다
> 내가 갈 수 없는
> 그늘이 살 수 없는 집에
> 밤을
> 깊은 잠을 선물해 주고 싶었다
> 나의 꿈을 꾸게 해 주고 싶었다

- 「그 집」 전문

보라 어둠과 사막, 황량한 들길 끊임없이 걸었고 지치고
허기져 있었다
퀭한 눈이며 홀쭉한 등뼈 하며
외로움은 얼마나 두려운 것이냐
그러면서 대상을 만났다는 것은

흠흠 이 달콤한 살의 냄새
주위를 두어 바퀴 돌다가
번뜩이는 욕망 치근齒根까지 근질근질해져 올 때
참을 수 없는 야성의 이빨
사정없이 넓적다리부터 아니 가슴부터
물어뜯어 잘디잘게 씹어 삼킬 일이다
통째로 먹어 치울 일이다
사랑한다는 것은

— 「들개」 전문

「그 집」과 「들개」는 사랑을 모티프로 한 시들이다. 「그 집」이 이루지 못하였으나 참으로 예쁘고 소박한 연모를 그린 시라면 「들개」는 광포狂暴한 사랑의 절정을 표현하고 있다. 우리의 관념은 양가적兩價的 감정을 지니고 있음을 적절한 소재를 통해 포착할 수 있는 힘을 가지고 있다는 것은 앞으로의 행보를 기대하게 만드는 중요한 포인트가 될 수 있다. 이 시집의 표제시標題詩인 「한 때 비 그리고 갬」에 드러난 바와 같이 우리의 삶은 변화무쌍하고 따라서 예측하기 힘든 내일을 바라보아야 하지만 오늘을 기록하는 존재로서 시인은 끝끝내 살아남아야 한다. 김동순 시인의 활보闊步를 기대한다.